Las masculinidades en el Antiguo Egipto

Roberto Sánchez Sevillano

Master's Thesis

[September 2024]

Universitat Autònoma de Barcelona

Supervisor: Marc Orriols Llonch

Faber & Sapiens

Las masculinidades en el Antiguo Egipto

ROBERTO SÁNCHEZ SEVILLANO

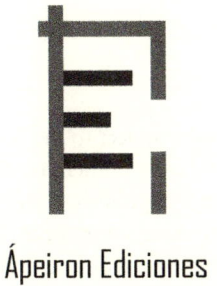

Ápeiron Ediciones

First Edition by Faber & Sapiens,
an imprint of Ápeiron Ediciones,
in 2025

C/ Príncipe de Vergara, n.º 132, planta 9
28002 Madrid
Tfno. (+34) 611 00 28 41
E-mail: info@faberandsapiens.com
http: www.faberandsapiens.com

Design and layout: Ápeiron Ediciones

ISBN: 978-84-129660-5-3
DL: M-972-2025

CONTENTS

1. Introducción

En la historia de la humanidad siempre han existido factores a partir de los cuales los seres humanos han desarrollado unas formas de comportamiento o interacción con el resto de su especie para sobrevivir. Esta situación provocaría la formación de normas sociales de actuación que desembocarían en el desarrollo de identidades diversas en las personas. En este sentido, la civilización egipcia alcanzará unas características personales que crearán unas distinciones notables entre sus habitantes. Para ellos, los factores que determinarán sus actuaciones ante sus vidas serán las relaciones sociales y las creencias en el ámbito religioso, definiendo la forma en la que los individuos actúan y cómo se muestran ante la sociedad.

De esta manera, los egipcios/as seguirán unos cánones en muchos elementos de su cultura como será en la belleza corporal, la vestimenta, la personalidad…, que desembocará en la creación del concepto "masculinidades" en el caso de los hombres, y "feminidades", en el caso de las mujeres. Estos conceptos son esenciales para este trabajo, ya que permiten descubrir nuevas nociones sobre, no sólo la diversidad de esta civilización, sino también de las distinciones que habría dentro de estos grupos humanos. Evidentemente, estos conceptos no estaban contemplados en la lengua egipcia, sino que son creados por las sociedades actuales que estudian la temática del género y sexualidad. Por ejemplo, en el caso de los hombres, dependiendo de la manera de exponerse al exterior condicionará su prestigio y respeto social, el oficio que desempeñe, la manera en la que el resto de las personas se dirigen a él, su representación en el ámbito artístico etc.

Así, una de las disciplinas que pueden construir esta historia es la Arqueología, que puede determinar la existencia de más diferencias y variedades dentro del concepto de masculinidades o feminidades. En este sentido, destacaría a Benjamin Alberti, el cual defiende esa necesidad de utilizar esta disciplina como elemento conductor de teorías sobre los sexos en el antiguo Egipto. Pero ¿cuáles serían sus motivaciones para realizar estos estudios arqueológicos? Su objetivo principal sería la conexión entre masculinidad y los cuerpos que se estudien, analizando la parte física y los complementos que se puedan hallar en sus enterramientos. Además, la utilización de la palabra "masculinidad" debe de ir acompañada de una visión abierta en su estudio, porque si no es difícil crear nuevas nociones y firmes en esta temática.

Para evitar que su estudio no tenga bases sólidas, es importante actuar ante él de dos maneras diferentes: en primer lugar, habría que conocer su significado y limitación, y, en segundo lugar, habría que permitir la posibilidad de crear interpretaciones variadas debido a la ambigüedad en algunos momentos de estos estudios[1]. Es importante determinar qué disciplinas pueden realizar estudios sobre la masculinidad, aparte de la Arqueología, como, por ejemplo, la Antropología, la Historia, la Religión y el Arte de la cultura egipcia. Todas estas disciplinas pueden aportar datos relevantes sobre las investigaciones en torno a esta temática con el objetivo de hacer visible esa diversidad sexual y de género en cualquier civilización.

1.1. Definición del concepto "masculinidad"

Para enunciar una definición aproximada sobre la palabra "masculinidad", he recurrido al autor Alberti que proporciona dos formas amplias en las que se extiende el concepto de masculinidad. En primer lugar, como un elemento que se puede analizar empíricamente y,

---

[1] ALBERTI 2006: 401-402.

en segundo lugar, como una manera de actuación en la práctica. En el primer caso, las disciplinas que estudian esta temática en la actualidad podrían no discernir diferencias de las llamadas "masculinidades" fácilmente. Mientras tanto, en el segundo caso, las prácticas que se puedan evidenciar en enterramientos, en el arte, en el lenguaje del momento…, pueden mostrar la categoría de lo masculino por la intervención cultural.

A la hora de definir la masculinidad dependerá de si lo realizamos de una manera descriptiva o analítica: en el caso de la primera, la vista se tendría que focalizar en los atributos que identifican a un individuo masculino. Sin embargo, esta noción hace palpable que su descripción se limita solo a un tiempo, lugar y hombre concretos. Por otro lado, en el caso de la segunda, es una variante que examina diferentes elementos influidos por la cultura y el contexto histórico. Así, la masculinidad podría definirse como el conjunto de características físicas, formas de actuar, creencias, vestimenta y relaciones sociales que conforman a los masculinos. Además, en el momento en el que todos estos caracteres se interiorizan se produce la conformación de las identidades de estos.

Actualmente, las teorías sobre la masculinidad expresan definiciones que se basan en la práctica, es decir, en el estudio de los hombres del pasado a través de evidencias sobre sus cuerpos, personalidades e interacción social. Así, estos elementos pueden verse influenciados por la cultura que gobierna en las sociedades que provocan la aparición o modificación del concepto tradicional de masculinidad. Por ejemplo, Connell, el cual es un estudioso principal en los trabajos sobre esta temática, defiende que las masculinidades deberían de ser configuraciones basadas en la práctica sin tener que conectarse con el género[2]. De esta manera, surgirían nociones variadas sobre este concepto con el objetivo de flexibilizar el término, y abrir la posibilidad de que exista una diversidad en su grupo.

---

[2] CONNELL 2000: 15.

De esta manera, se determinaría la existencia de masculinidades, es decir, una variación amplia que no se queda anclada en la percepción antigua del concepto de masculino asignado a un individuo. En un primer momento, habría una única masculinidad hegemónica con la cual los hombres tendrían que sentirse no sólo identificados, sino también estarían obligados a mostrarse al exterior con respecto a esta construcción cultural. Por ende, esta posible variación origina diferencia de estatus entre los hombres, aparte de los que ya se establecen entre estos y las mujeres. Dentro del grupo masculino se crean diferencias de clases, con distintos privilegios en todos los aspectos, tanto en lo económico, como en lo social y político. Por lo tanto, los individuos de una sociedad pueden alcanzar una masculinidad u otra dependiendo de las posibilidades de acción dentro de su grupo humano, donde la cultura ejercerá su dominación determinando su papel como individuo[3].

Esta influencia de la cultura provocará la creación de roles sociales que permiten distinguir cuáles serían los oficios que deberían desarrollar según su sexo. En esta situación puede haber trabajos de esfuerzos físicos que se asocien más a los hombres, mientras que los trabajos domésticos o de menos dificultad sean realizados por mujeres. Esto es una concepción cultural, el establecer una división de oficios dependiendo del sexo de la persona, pero que, en ocasiones, lo que hemos llamado masculinidad o feminidad podría tener papel importante. En este sentido, en el antiguo Egipto existían los oficios de manicurista y peluquero, que tradicionalmente pueden haberse asociado al sexo femenino, pero que en esta cultura podemos ver que los hombres desarrollaban este trabajo con frecuencia. Según Helena Znaniecka existiría el llamado "círculo social" que es donde los individuos de un lugar tendrían asignados unos deberes y obligaciones. De esta manera, las masculinidades o feminidades no entrarían en valor para realizar esa asignación de trabajos, pero el desarrollo de unos oficios u otros podría obligar a los individuos

---

[3] ALBERTI 2006: 404-406.

a comportarse de una determinada manera respondiendo a ese ideal de masculinidad hegemónica que la sociedad defiende[4].

Estas asignaciones de caracteres concretos a los individuos de una sociedad provocan la creación de estereotipos que rompen la realidad existente. Así, se crean unas nociones cerradas en las que las personas que realizan determinados oficios deben comportarse de una forma concreta. Este hecho induce a que la forma hegemónica de la masculinidad tradicional pueda mostrarse tal y como es, pero que no se muestren otras variedades dentro de este concepto. Por lo tanto, se reducen así las posibilidades de acción de determinados individuos si no se encuentran dentro de una imagen idealizada o si presentan personalidades fuera de lo común. Así, se cae en varios errores: el primero es el de asignar un rol social a un individuo por su género, y, el segundo, que los hombres y mujeres tengan que suscribirse a unos patrones de conducta y apariencia concretos[5].

Atendiendo a estas cuestiones, nos pueden surgir preguntas sobre cuáles son los pensamientos actuales en torno a este concepto de masculinidad. Por ello, cabe responder la pregunta de ¿cuáles son los motivos del surgimiento del concepto de masculinidad? Para responder a esta cuestión, Téllez y Verdú defienden que la masculinidad y sus variantes son una construcción histórica y cultural. De esta manera, no hay una única forma de estudiar a los hombres, ya que, dependiendo del lugar, tiempo y personas sobre las que recaigan los estudios, se demostraría una diversidad evidente. Por lo tanto, esa masculinidad hegemónica nombrada anteriormente no es la única que conforma el entramado de rasgos de los hombres, y gracias a los nuevos estudios se demuestra una diferenciación clara dentro de ese modelo[6].

Siguiendo esa línea de estudio, otras cuestiones deberían de ser respondidas, como sería si ¿es general la elaboración de diferencias entre

---

[4] Znaniecka 2006: 230.
[5] Znaniecka 2006: 242.
[6] Téllez; Verdú 2011: 85-86.

los hombres de una sociedad?, o también ¿por qué se realiza la construcción de la masculinidad? En primer lugar, la mayoría de las sociedades elaboran sus propios patrones de conducta que crean diferencias entre los géneros, e incluso producen ramificaciones dentro de los mismos. En segundo lugar, su construcción puede ser una cuestión práctica con el fin de defender unos valores y actuaciones tradicionales con las que la sociedad en cuestión se crece. Así, la comunidad humana tiene un hermetismo como forma de controlar a los individuos que viven dentro, perpetuando esa normatividad social.

De esta forma, estas autoras defienden que, durante un largo periodo de tiempo histórico en los estudios sobre la masculinidad y feminidad, habría una creencia de que estos dos conceptos abarcaban al conjunto de personas de cualquier sociedad. Es cierto, que podría existir la idea de que una persona tuviera mayor o menor grado de masculinidad o feminidad, pero sin opción a otras alternativas visibles; como podría ser el caso de una opción que signifique una conjunción de ambas. En este sentido, en la década de 1970 surgiría una nueva visión sobre la masculinidad y feminidad apareciendo el concepto de ``androginia´´, proviniendo del griego *andro*, que significa hombre y de *gyne*, que significa mujer. Esta nueva palabra surgió para definir a personas que tuvieran caracteres masculinos y femeninos en su composición corporal. Así, se abren nuevas ópticas sobre los fundamentos de la sexualidad y del género humano con la posibilidad de que existan diversas opciones dentro de composiciones de los cuerpos y sus personalidades[7].

En este sentido, el autor Uroš Matić expone cómo la Antropología y la Arqueología han explorado recientemente las construcciones de género más allá de la visión tradicional. A través de sus visiones se habría desbancado a esta última para dar lugar a una nueva alternativa con la existencia de más de dos sexos o géneros. Además, los estudiosos/as de estos aspectos en el antiguo Egipto habrían aportado sus novedades a

---

[7] TÉLLEZ; VERDÚ 2011: 89.

través de sus conocimientos desde el feminismo y las teorías *queer*[8]. Este último concepto será relevante, sobre todo, en el ámbito arqueológico, como veremos en un futuro apartado, para dar cabida a nuevas interpretaciones de los hallazgos antiguos.

Esta diversidad en la temática del género y el sexo humano se puede apreciar, por ejemplo, en el Reino Nuevo en el *Cuento de los Dos Hermanos*, en el que Bata se refiere a sí mismo como una mujer, después de que él se cortase su pene, debido a que su propio hermano Inpu le hubiera acusado de haber intentado tener relaciones con su esposa (P. d´Orbiney, 8,1). En este sentido, también destacaría el ejemplo de Neith, diosa de la guerra, la cual es nombrada en el templo de Esna, de época ptolemaica, como si estuviera compuesta por 2/3 partes de hombre y 1/3 de mujer (Esna 252, 25). De esta manera, podemos observar la tendencia de distinguir a individuos o divinidades que pueden adquirir personalidades con caracteres masculinos y femeninos indistintamente. Así, se podría vislumbrar la posibilidad de la existencia de ese tercer género que no se incluiría en los géneros binarios tradicionales, sino que tendría una combinación de características propias de ambos[9].

Complementando lo anterior, Parkinson recalca como el tema de la sexualidad y, por ende, las masculinidades y feminidades, no ha sido tratado en torno al antiguo Egipto. Él nombra la existencia de un ejemplo fundamental en el que dos hombres tienen una relación muy cercana con el desarrollo de una escena con diálogo, situándola como pionera en narrativa dentro de la literatura de esta civilización; esta obra es *El Cuento de Horus y Seth*, que dataría del Reino Medio. Este relato lo trataré en un apartado próximo de este trabajo, pero ahora sí mencionaría que sus dos personajes principales podrían representar dos formas de masculinidad; la dominante y la sometida[10].

---

[8] Matić 2016: 175.

[9] Matić 2016:177.

[10] Parkinson 2008: 115-116.

De esta manera, estas creencias sobre la apariencia de individuos en el pasado consiguen elaborar métodos de construcción de identidades en la actualidad. Sin embargo, hasta hace no mucho tiempo los estudios de género y sexualidad en el antiguo Egipto no eran algo habitual. Por ello, ha sido más difícil encaminar las investigaciones hacia importantes vestigios, ya que los egipcios/as se caracterizan por la diversidad sexual, solo que no se ha hecho hincapié en ese ámbito para su estudio. El análisis de cualquier hallazgo relacionado con esta temática puede verse influenciado por creencias actuales sobre el arte, la arqueología y los estudios de género. Para contrarrestar esto, Parkinson recalca la importancia del concepto *queer* y su papel en disciplinas como la arqueología, pudiendo criticar los elementos normativos que empequeñece lo disruptivo.

Retomando esa visión binaria de los sexos y géneros, surge la pregunta de ¿quién habría organizado este entramado cultural tan fuerte a lo largo del tiempo? Su respuesta la ofrece Fausto-Sterling exponiendo que es el Estado de las civilizaciones el encargado de mantener esta división, produciendo la organización de las sociedades en torno a esta creación cultural. Sin embargo, desde el punto de vista biológico, habría diferentes variedades en el campo de la masculinidad y feminidad, determinando que dependiendo de algunos caracteres se podría discernir la existencia de al menos 5 sexos. En este sentido, los investigadores/as del campo de la medicina han reconocido la existencia del concepto del cuerpo intersexual, como ya mencioné anteriormente[11].

En los últimos 30 años, las nociones expuestas previamente habrían sido ignoradas por la comunidad científica, a pesar de que como describe Fausto-Starling, hay una gran cantidad de casos en el mundo entre los años 1930 y 1960 que han recibido unos estudios sobre los cuerpos de niños/as en esta temática. Estos estudios estaban enfocados a investigar nociones de sexualidad ante unas personas que desde su infancia

---

[11] Fausto-Sterling 1993: 21.

vivieron como personas intersexuales en un mundo creado para dos tipos de sexos y géneros[12].

Mientras tanto, estas diferencias entre los cuerpos humanos son tratados por Parkinson en el sentido de su representación iconográfica en la sociedad egipcia. Es cierto que él hace una distinción entre la época actual y la antigua; la primera presenta unas ideas amplias sobre las representaciones en el arte y en la literatura de los individuos con caracteres masculinos o femeninos, y en la segunda existe una limitación en torno a estas imágenes. Aun así, en el caso del antiguo Egipto, las representaciones sexuales se encuentran dentro de codificaciones o metáforas, debido a la reticencia de mostrar de manera explícita las relaciones sexuales entre dos individuos. Las mayores referencias en torno a esta temática las podríamos encontrar en fuentes arqueológicas como pueden ser los óstracon y los papiros[13].

Como veremos en futuros apartados, la literatura y el arte supondrían dos fuentes importantes para el estudio no solo de la sexualidad egipcia, sino también para ver los comportamientos y actitudes que tenían sus protagonistas en sus escenificaciones o relatos. Estas personalidades podrían ser variadas, pero que como ocurre con la arqueología *queer*, hay interpretaciones erróneas por la óptica moderna desde la que se hace su estudio. Es cierto que la falta de representación de personas del mismo sexo en actitud cariñosa puede indicar no solo la sexualidad vigente en la sociedad, sino la manera correcta de representar a ambos sexos. Es decir, que los hombres no pueden representarse con su cuerpo en actitud cercana a otro hombre, ya que si no mostraría una masculinidad inadecuada para su cultura. Por lo tanto, los hombres y las mujeres del antiguo Egipto tienen unos cánones artísticos y normas de comportamientos que se adjuntan a un tipo de masculinidad y feminidad hegemónicos.

---

[12] FAUSTO-STERLING 1993: 24.
[13] PARKINSON 1995: 57-58.

Nota metodológica

En este subapartado es conveniente indicar en primer lugar, que en el capítulo de "La escritura egipcia y su vinculación con las masculinidades" he utilizado terminología en lenguaje egipcio con la transcripción normativa de la disciplina de la Egiptología. Además, los jeroglíficos se han aportado como refuerzo visual del elemento fonético y gráfico de los términos que aluden a expresiones lingüísticas necesarias en la explicación. Para establecer estos signos jeroglíficos con orden he utilizado el programa informático Jsesh por su facilidad y expresión realista de la escritura egipcia sobre el papel.

En segundo lugar, en el caso de realizar referencias de templos cómo será el caso de Esna revisé el artículo de Fernández Pichel A. titulado como "Los himnos Esna II, 17 y 31: interpretación teológica e integración en el programa decorativo de la fachada ptolemaica del templo de Esna". En su primera página se indicaba como el autor J. Hallof publicó ocho volúmenes donde incluía la reproducción de los textos jeroglíficos y de escenas de este templo. Por lo tanto, la indicación de las citas en torno a este templo se basa en el ejemplo Esna II, 252, 25. Esto significaría que el II es el número del volumen anteriormente mencionado, el 252 de la página, y el 25 de la línea.

En tercer lugar, el caso de la utilización de un papiro y su texto para evidenciar que alguna frase refuerza algún razonamiento teórico de mi trabajo se referencia de la siguiente manera: primero la palabra "papiro" abreviada con la "P", después se indica el número de la página donde se encuentra la cita, y, por último, se indica la línea donde se halla concretamente la información. Véase en el ejemplo: P. d'Orbiney, 8,1.

2. Masculinidades y Arqueología

La Arqueología es una de las disciplinas más importantes para la reconstrucción de la historia de los grupos humanos del pasado, estudiando sus vestigios como sus casas, recipientes para guardar alimentos, objetos de ajuar etc. Entre las categorías de investigación de la Arqueología se puede encontrar como novedad el campo de los estudios de género en el cual se incluirá la temática de las masculinidades, el cual presenta ciertas dificultades para su adecuada exploración. Según Alberti, la complejidad de estos estudios radica en que la masculinidad no debe regirse solo por los hallazgos materiales, sino que también tiene su papel la parte de las identidades y comportamientos humanos[14].

Además, dependiendo desde que perspectiva se analicen estos restos arqueológicos, podremos llegar a unas conclusiones u otras. En este sentido, un enfoque polémico en estos estudios será la óptica esencialista de las masculinidades que jugará un doble papel en este campo. En primer lugar, las formas de interpretar la masculinidad a través de la arqueología fueron esencialistas en sus inicios hasta que llegase la llamada Arqueología de género. En segundo lugar, esta postura ofrece unas limitaciones claras e influencias culturales sobre la determinación de lo considerado masculino en esta disciplina. De esta manera, si existe este tipo de pensamiento esencialista se cae en el error de una invariabilidad a lo largo de la historia de la noción de masculinidades[15].

---

[14] Alberti 2006:406.
[15] Alberti 2006: 407.

Esta postura está influenciada por la cultura y a su vez por la política de cada sociedad, que al interaccionar crean unos comportamientos e identidades en los hombres que conforman su masculinidad. Esta idea surgió ya en el siglo XIX y a principios del XX, donde este concepto adquirió una asignación psicohistórica. De esta manera, los arqueólogos del siglo XIX ejercerían su profesión a través del pensamiento surgido en la época de la Ilustración. Sus ideales a la hora de investigar serían clásicos ya que tendrían un concepto de una masculinidad ideal, reflejándose en el arte antiguo, como en las esculturas y pinturas.

Siguiendo esta línea, en el apartado introductorio se ha visto como la sociedad había construido el concepto de masculinidad, que con el tiempo será capaz de abrir el abanico de posibilidades en torno a esta cuestión. Sin embargo, cabe preguntarnos ¿cómo se abrieron camino estos estudios en el campo de la Arqueología? En el caso de esta disciplina hay que recalcar que a partir de la década de los 80 del siglo XX fue cuando adoptaría una teoría basada en que el género se conforma socialmente. Esto provocó la apertura a los estudios de las masculinidades en el campo de la Arqueología, algo que antes no había sido posible. En primera instancia, la Arqueología de género hacía referencia a la masculinidad que incluye unas formas de actuación y valores concretos que se asociaban a los hombres de una cultura específica. Aun así, en este punto surge una cuestión importante, que es, ¿cuáles son los elementos que hacen a un individuo más o menos masculino? En este sentido, la organización social juega un papel fundamental, ya que la división del trabajo situará a las personas cerca de unos oficios, objetos y comportamientos que se relacionarán con la masculinidad hegemónica o no [16].

De esta forma, la Arqueología tendría complicaciones a la hora de determinar cuáles son los patrones de conducta, los oficios y objetos a los que se debe asociar un hombre. Este problema viene producido por la jerarquía social que condiciona el desarrollo de las masculinidades. En este sentido, los hombres que ostentan cargos altos dentro de la so-

---

[16] ALBERTI 2006: 408-409.

ciedad egipcia portarán una serie de objetos, vestimenta y una actitud de autoridad que refleja su poder sobre el resto. Así, si la Arqueología estudia a un hombre de esta posición social puede caer en el error al interpretarlo mal ya que no se puede generalizar un prototipo de hombre concreto y su relación directa con los elementos anteriormente mencionados. Además, los hombres campesinos o artesanos de esta sociedad no podrían ostentar ni un oficio importante ni portar una vestimenta lujosa. Por lo tanto, hay que tener en cuenta esa variedad de masculinidades a la hora de hacer una investigación sobre los restos arqueológicos que se estudien[17].

Para evitar caer en interpretaciones erróneas de los hallazgos en esta disciplina habría que evitar focalizar la mirada en una visión de la realidad. Es decir, hay que partir de la base de la existencia de diversidad de masculinidades en los hombres del antiguo Egipto, y no centrarnos en solo la predominante. Esta última tendrá su papel fundamental, no solo porque la tenga alguien de autoridad e influencia, sino porque tiene que conseguir difundirse al resto de individuos de la sociedad. Sin embargo, la detección de esta situación no es fácil en el ámbito histórico, sobre todo, si se parte de la base de nociones heteronormativas para explicar el pasado.

Las investigaciones arqueológicas en torno a la sexualidad critican esta visión tradicional debido a que se basan constantemente en nociones como el matrimonio, la familia nuclear y la heterosexualidad. Por lo tanto, el mayor error es interpretar unas formas de organización social, sexual, religiosa etc, según las creencias y tradiciones que tenemos en la actualidad. Por lo tanto, se necesitan otras interpretaciones en la arqueología como sería el caso de la llamada "arqueología *queer*". Esta supondrá un cambio en la metodología de su disciplina para crear nuevos estudios sobre el tema de masculinidades y criticar constructivamente la normatividad social en el antiguo Egipto[18].

---

[17] Alberti 2006: 409.

[18] Alberti 2006: 411.

2.1. Origen del concepto *queer* y su conexión con la Arqueología

El concepto "*queer*" se utilizaría originariamente en las últimas décadas del siglo XX en el Reino Unido, en el ámbito académico donde su teoría se aplicaría a la arqueología. Esta inclusión novedosa supuso una crítica completa a las teorías de los estudios previos que trataban temas como el género y el cuerpo de las sociedades pasadas. Además, según Enrique Moral, la teoría "*queer*" se expandiría en Estados Unidos también en los últimos años de la década de 1980 como consecuencia de una serie de demandas de algunos movimientos políticos que defendían los derechos de los grupos minoritarios de la sociedad; como serían las personas pertenecientes al colectivo LGTBIQ+, feministas, mujeres de etnias diferentes a la blanca, desempleadas etc[19].

En este sentido, Bárbara L. Voss también ha tratado el origen de este concepto situando al tema de la sexualidad como punto principal de la investigación de la arqueología *queer*[20]. Además, ella muestra su disconformidad con que la arqueología de la sexualidad se centre casi siempre en "la otra sexualidad". Por lo tanto, de esta forma se hace una distinción de percepciones sobre las sexualidades dejando a los estudios heteronormativos, por un lado, y a los estigmatizados por otro. Aun así, el beneficio de la aparición de estos estudios permite conseguir el remedio de los prejuicios sexuales en las investigaciones arqueológicas previas. Esta temática es fundamental en el tema que nos atañe, ya que se relaciona directamente con las masculinidades y feminidades que hayan podido desarrollar los individuos en la sociedad egipcia.

De este modo, cabe preguntarnos ¿por qué surge la teoría *queer* como aplicación a la arqueología? Para responder a esta pregunta es oportuno tratar a Thomas Dowson el cual defiende que esta nueva metodología surge como método activo para establecer unas nociones alejadas de la cultura actual, para evitar la influencia en las conclusiones

---

[19] MORAL DE EUSEBIO 2014: 249.
[20] Voss 2009: 30-32.

sobre los vestigios analizados[21]. Por lo tanto, la teoría *queer* va más allá de tratar las sexualidades en la arqueología, sino de cualquier grupo de personas que tenga la sensación de que su posición pueda estar marginada en su sociedad, ya sea desde un punto de vista sexual, intelectual o cultural. Este trabajo es necesario para evitar caer en la normatividad de unos comportamientos o roles sociales establecidos en la actualidad. Estas reglas de actuación condicionan la forma de visibilizar el principal objetivo de este trabajo, como es que las masculinidades tengan una proyección, en este caso, en el antiguo Egipto[22].

Por consiguiente ¿qué efectos ha tenido la inclusión de la Arqueología *queer* en el estudio de los cuerpos humanos? Según Voss, en el siglo XXI la Arqueología de la sexualidad ha mostrado poder ir más allá de las relaciones entre personas o de las identidades de los individuos[23]. La investigación está aportando una serie de nuevas perspectivas sobre temas variados como la formación del Estado, de las ciudades, la economía, la forma de asentamiento humano etc. Además, se pueden apreciar otras innovaciones como se ve en la posibilidad de estudiar los cuerpos desde otra esfera, que no sea desde la división tradicional binaria. Esto es así porque la intersexualidad se ha abierto camino en esta disciplina, pudiendo crear nuevas nociones en torno a los cuerpos humanos y sus estudios.

Como complemento, la sexualidad ha sido un elemento muy conectado en estas cuestiones, pero cuenta con una doble vertiente negativa en este contexto. Según Voss, el primer problema sería que el concepto de sexualidad en la actualidad puede ser diferente al que tenían en la sociedad egipcia. En segundo lugar, podríamos tener una interpretación errónea de lo representado, es decir, asumir que las escenas sexuales y cuerpos son réplicas de situaciones que se dieron realmente. Por ello, hay que evitar caer en suposiciones basadas en

---

[21] Dowson 2000: 162.
[22] Dowson 2000: 163-164.
[23] Voss 2008: 329.

nuestras culturas actuales ya que si no sería imposible llegar al significado real que tuvieron. Los cuerpos humanos pueden tener caracteres masculinos o femeninos, pero como indiqué en la introducción, hay diferentes maneras de percibirlos y no de una sola[24].

De esta manera ¿qué objetivos se desprenden del estudio de la masculinidad en la arqueología *queer*? Según Voss, en primer lugar, se busca comprender en profundidad las formas en las que se originan y desarrollan las estructuras sociales normativas. En segundo lugar, utilizar las herramientas y conocimientos por parte de la Arqueología para investigar las nociones heterosexuales. Estas son necesarias para el entendimiento global de todas las ideas sobre el género y la sexualidad, y, por ende, de las masculinidades y feminidades. En este sentido, Dowson defiende la importancia de esta arqueología que radica en que permite tener posturas alternativas a las tradicionales. Además, critica la homofobia existente en este tipo de proyectos arqueológicos porque la postura tradicional es más defendida y apoyada por la comunidad científica que la que rompe la normatividad[25].

Es cierto que Dowson va más allá de la disciplina, poniendo en entredicho las prácticas desigualitarias tanto en las oportunidades de oficio como en el trato de determinadas temáticas. Es decir, la cuestión de las masculinidades en esta esfera debería de estar como elemento de base en la arqueología como concepto, pero, como no ha sido así, se han creado otros apartados como serían el del género, el de la sexualidad o el ámbito *queer* para incluir a los grupos marginados por la historia androcéntrica. Por lo tanto, el desglose profesional provoca que haya una arqueología especializada en temáticas novedosas y poco tratadas, pero, que la arqueología tradicional tenga la misma visión heteronormativa. Así, se seguiría cayendo en el error de la interpretación de los hallazgos tanto de la sociedad egipcia, como de cualquier otra.

---

[24] Voss 2008: 321.
[25] DOWSON 2000: 165.

Otro de los objetivos, defendidos por Moral, es que los estudios sobre la masculinidad tendrían como objetivo el cuestionamiento de nociones de base en las temáticas de sexo y género, tratando la sexualidad sin tabúes. Además, la importancia de la teoría *queer* en relación con la arqueología tiene como objetivo tratar las llamadas "identidades sociales", sean de género, sexuales, étnicas etc, que se originan a través de la construcción cultural. Esto significa que estos conceptos creados por la sociedad no se derivan "naturalmente" de cuerpos con unos caracteres concretos. Por ende, como ejemplo, una persona que tenga un cuerpo biológicamente masculino no tiene por qué tener una identidad de género masculina[26].

Al introducirse toda esta metodología novedosa en el ámbito arqueológico de la mano de la teoría *queer*, cabe preguntarnos ¿qué consecuencias ha traído este cambio de óptica en estudios de género y sexualidad? Dowson recalca que la teoría *queer* ha ocasionado la introducción de la sexualidad en el campo de estudio de la arqueología. Esta situación se deriva claramente de la detección de unos caracteres heteronormativos en las investigaciones de esta disciplina. Para él, este tipo de arqueología novedosa se opone a las normas sociales que dominan al resto y condicionan las interpretaciones de la realidad del pasado. Por lo tanto, esta crítica no viene de intentar buscar identidades gay, lesbiana, transexual o bisexual con sus masculinidades y feminidades, sino que viene de la oposición al estudio normativo.

A esta crítica se suma Moral, el cual desaprueba que en la arqueología *queer* se extrapolen conceptos del presente hacia sociedades pasadas, ya que condiciona totalmente el relato histórico. En este sentido, destacaría el concepto de familia que ha sido interpretado en los hallazgos arqueológicos desde una óptica tradicional de la historia[27]. Por lo tanto, esta disciplina lo que busca es romper estas interpretaciones clásicas,

---

[26] Moral De Eusebio 2014 : 250
[27] Moral De Eusebio 2014 : 251-252.

pero no por no tengan validez en sí mismas, sino para evitar que se parta desde una base cerrada para construir la historia.

2.2. El estudio de los cuerpos: clave de la diversidad

En el anterior subapartado nos preguntábamos cuál había sido la influencia de la inclusión de la arqueología *queer* en el estudio de los cuerpos. Sin embargo, este apartado ampliará la información sobre cuestiones como ¿qué papel han tenido los objetos materiales asociados a estos cuerpos? y ¿qué interpretaciones se pueden derivar de ellos relacionándolos con el carácter sexuado de sus propietarios? Los materiales que se puedan estudiar en la cultura egipcia pueden probablemente determinar que cánones cumplían de estética, diseño y función con respecto a la persona que acompaña. Es decir, la Arqueología podría determinar qué objetos se relacionan con las masculinidades y que otros se conectan con feminidades.

En este sentido, según Rosemary Joyce, los estudios arqueológicos actuales han demostrado que hay arqueólogos/as que caen en el error de realizar interpretaciones de los cuerpos con creencias tradicionales del presente. Su análisis y estudio en la civilización egipcia debería de estar centrado en la individualidad y en posibilitar la existencia de diversidad en sus interpretaciones. Para conseguir esta nueva metodología algunos arqueólogos han dado mayor importancia a los análisis reflexivos, teniendo a Judith Butler como referente en el estudio de los cuerpos. Para su empleo se defiende el argumento de que no hay unos caracteres fijos y atemporales que se asignen a la composición de la identidad de un individuo[28].

Butler afirma que los géneros eran formas culturales diversas en las que se interpretaba un cuerpo concreto, que previamente estaba en una categoría sexuada. Además, según ella, el género produciría la percep-

---

[28] Joyce 2004 : 82-83.

ción de que el sexo era lo prioritario a la hora de elaborar una definición en las construcciones de los géneros. Así, podríamos entender a nuestros cuerpos dependiendo de las influencias que hayamos recibido de nuestra sociedad[29]. Por ejemplo, en la egipcia tendrían una serie de nociones sobre el cuerpo, en todos los sentidos, creando no solo unos cánones, sino unos significados que se plasmarían en la organización sexual de sus individuos. Además, la parte material que pueda rodear a los cuerpos debe de ser analizada, ya que puede aportar numerosas conclusiones sobre como percibir esta construcción cultural del cuerpo sexuado.

En este sentido, Joyce realiza un estudio sobre materiales centroamericanos que demostrarían diversas interpretaciones teóricas de Butler[30]. Ella se decide realizar un estudio sobre la elaboración de objetos como vasijas, estatuas de cerámica y de piedra, que escenifican partes del cuerpo independientes, concretamente, la cabeza, piernas, pies y manos. Además, habría otros objetos utilizados en tareas ornamentales para el cuerpo, como aderezos para las orejas, utilizados por las personas en su vida, y después en sus enterramientos. Pero, entonces ¿cuál es el objetivo de este estudio? Joyce tiene como meta ejemplificar con este análisis de objetos de estas culturas, que estos pueden utilizarse para decorar los cuerpos humanos y que permiten crear nociones idealizadas de estos.

Las conclusiones de este trabajo determinaron que los infantes de algunas culturas precolombinas utilizaban unos materiales que provocaría la creación de unas identidades dentro de su cultura[31]. Así, en las obras de arte del momento se representarían unos cuerpos que servirían para crear unos ideales de masculinidad y feminidad a las generaciones futuras. Por lo tanto, los objetos materiales de estas culturas, al igual que ocurre con la egipcia, crean unos estereotipos sexuales, no solo en

---

[29] BUTLER 1990: 24-25.
[30] JOYCE 2004: 84.
[31] BUTLER 1993: 101-119.

torno a los cuerpos humanos, sino también en sus identidades y en la interacción con el resto de las personas.

Por lo tanto, en la cultura material y en el arte de la cultura egipcia se podrían analizar caracteres que se asocian a la identidad de los cuerpos masculinos y femeninos. De esta forma, lo que se busca es que los arqueólogos/as examinen los objetos y situaciones cotidianas de las personas del pasado para elaborar nuevas nociones en torno a la creación de sus identidades. Así, la profundización en esta materia daría lugar a que unos objetos concretos se relacionen con el estatus de la persona y de su género a través del análisis de su vestimenta, utensilios cotidianos y de sus hogares. De esta manera, Joyce defiende el uso de esta metodología que permite estudiar artilugios que demuestren su carácter sexuado con respecto a sus propietarios[32]. Por lo tanto, estos estudios pueden analizar la existencia con argumentación de la masculinidades y feminidades que antes no se habrían estudiado.

Es cierto que la problemática puede estar en el análisis de los cuerpos según la edad, ya que la masculinidad o feminidad pueden no estar representados de la misma manera para los infantes que para los adultos[33]. Joyce hace una crítica exponiendo que, en la Arqueología en vez de buscar géneros concretos o personalidades específicas en los cuerpos, se debería de hacer un cambio de visión. Este trataría de cuestionar de manera consistente sobre cómo las personas interpretaban su realidad en el pasado a través de sus cuerpos. Además, ellos tendrían sus percepciones con respecto a las masculinidades o feminidades y cómo tendrían que construirse tanto sus identidades como su demostración ante el resto de personas[34].

De este modo, para intentar evitar la mentalidad tradicional en estos estudios, la arqueología *queer* aporta un papel fundamental. Esto es así, ya que los arqueólogos formados en este campo defienden la creación

---

[32] JOYCE 2004: 85-86.
[33] JOYCE 2004: 90.
[34] JOYCE 2004: 92.

de una jerarquía en la sexualidad y en el género. Esto afecta por ende a las interpretaciones de los cuerpos y su mayor o menor consideración en la clasificación de masculinidades. Dowson comparte la postura de Joyce de tener como referente los estudios de Judit Butler en la temática del género y su asociación a los cuerpos. Los objetivos principales que se derivan son la examinación de los aspectos sociales a través de los cuales se origina el género y la asignación de masculinidades y feminidades en los individuos[35].

Por ello, la teoría *queer* es esencial en estas temáticas para comprender la sociedad del antiguo Egipto como se ejemplifica en un estudio realizado por Lynn Meskell. En su investigación sobre los cuerpos egipcios ha determinado que sus representaciones en el ámbito académico y fuera de él se basan en estereotipos de raza y de sexo normativos[36]. En estas escenificaciones de las personas egipcias del pasado hay mucha influencia del presente para ejemplificar a personas en esta cultura. Después, es utilizado para legitimar el presente, por lo tanto, la interpretación normativa de la historia condiciona la creación de las percepciones de las masculinidades y feminidades en los cuerpos que se estudien tanto físicamente como en el arte parietal o móvil[37].

Por otro lado, para Meskell, la cultura occidental ha influenciado de manera importante en la interpretación de estos cuerpos del Egipto faraónico, como se ve en la intencionalidad de la sexualización y de la atracción hacia esta cultura a través de lo que ella llama ``fantasías culturales´´. Estas se conectan con la incorporación del concepto *queer* a disciplinas que estudian esta sociedad, que permiten no solo crear nuevas interpretaciones sino también intentar dar ejemplos de identidades pasadas a individuos del presente. Por lo tanto, el trabajo arqueológico *queer* es, por una parte, fundamental para percibir los hallazgos desde

---

[35] Dowson 2008: 31.
[36] Meskell 1998: 63-64.
[37] Dowson 2008: 34.

otra panorámica, pero, por otro lado, complejo debido a la subjetividad con la que se analicen y estudien estos restos antiguos[38].

---

[38] MESKELL 1998: 65.

3. Masculinidades en el Arte egipcio

En paralelo a la Egiptología existen otras disciplinas, como vimos anteriormente con la Arqueología, que pueden analizar las construcciones culturales del pasado. Este es el caso del Arte que es un ámbito esencial para descubrir cómo las nociones de masculinidades se plasman en él. Así, pueden surgir razonamientos sólidos que evidencien la teoría en casos prácticos donde se muestren distintas identidades. Por lo tanto, surgirá un tipo de iconografía para las representaciones de estas personas que seguirán unos cánones de belleza con unas normas de actuación e interacción con el resto.

En cuanto a los hombres egipcios podrían existir diversas maneras de representarlos, podrían estar vestidos, desnudos, portando unos objetos que hicieran de complemento a lo que se quería proyectar de ellos al espectador, etc. En primer lugar, en relación con los cuerpos desnudos, para Robins, hay una asociación entre la representación del pene erecto y la idea de masculinidad hegemónica[39]. ¿A qué se debería esta relación entre ambos conceptos? Esto se explicaría debido a que, en la cosmogonía egipcia, en el Reino Antiguo, ya se creía que el dios Atum se masturbaba para crear vida. Su pene estando erecto tendría total vigorosidad y masculinidad que conseguiría crear dualmente a sus descendientes, que serían Shu, dios del aire y a Tefnut, diosa de la humedad. Así, este concepto crea la idea firme de que los egipcios deben de seguir la misma estela y escenificar su masculinidad a través de sus genitales, demostrando su alta fertilidad y potencia sexual.

---

[39] Robins 2007: 208.

La imagen del falo erecto es un recurso muy utilizado como se ve en el dios Osiris para simbolizar su renacimiento, sin embargo, la representación de este elemento en los hombres egipcios no divinos no existe. Aun así, estos hombres buscarían la garantía de la fertilidad ansiada también en el Más Allá. Por ende, estos hombres tendrán una renovación de todas sus facultades sexuales con el fin de mantener su masculinidad vigorosa y sin perder la esencia de lo que para los egipcios era ser un hombre. Sin embargo, no todos los hombres alcanzarían este nivel de masculinidad ya que a los prisioneros se les representaría con las manos atadas, desnudos y sin genitales. Esto provoca que pierdan su identidad como hombres, aparte eliminar lo que para ellos les hacía masculinos[40].

Estas ideas tienen su proyección en la manera en la que se representaban los cuerpos masculinos en el antiguo Egipto, y que podrían variar a lo largo de la historia de su civilización. Pero cabe preguntarnos ¿quiénes desarrollaron y difundieron estas ideas de masculinidades en el ámbito artístico? Las personas que se encargarían de las tareas de plasmación de las ideas sobre los cuerpos egipcios a los pintores y escultores serían los reyes y escribas. Esto motivaría la creación tradicional de unos cánones concretos sobre las masculinidades de los hombres representados, ya que no toda la población podría encargar una tarea de este tipo. Es cierto, que la cantidad de personas de la élite llegaría al 5% de la población y, por lo tanto, el sesgo de los ideales en torno a los cuerpos egipcios sale de la mente de unos pocos[41].

Como elemento a destacar dentro de la representación de los cuerpos egipcios será el color de la piel que ya ejemplificará la muestra de la diferenciación entre masculinidades y feminidades. Esto quiere decir que a los hombres se los representa con un color de piel marrón rojizo oscuro, mientras que para las mujeres se dispondría el tono marrón amarillo más claro. Esta noción del color de la piel estaba ya establecida

---

[40] ROBINS 2007: 209.
[41] ROBINS 2007: 209.

en el Reino Antiguo, y aunque en la sociedad no habría cuerpos con esas tonalidades, lo que se querría representar es esa diferencia de roles entre los hombres y las mujeres. Por lo tanto, se puede deducir que hay una selección de la simbología que les interesa representar en monumentos a los encargados de elaborar esas obras artísticas[42].

Por otra parte, no todos los hombres tendrían el cuerpo dispuesto de la misma manera como se ve en que las figuras masculinas de la élite. A estos se les representaría con una pierna adelantada, y, frecuentemente, portaban un bastón en una mano o una tela y un cetro en la otra. Así, cuando ellos sostienen estos dos objetos forman el determinativo de la palabra sr que significa oficial. El cetro determinaría las palabras sxm, que significa poder, y xrp que significa controlar, por lo que estos tres elementos son símbolos de autoridad, en torno a los hombres de la administración egipcia. Así se ejemplifica en el arte egipcio, como los hombres de la élite necesitaban de simbología y expresión corporal para evidenciar su virilidad[43].

Sin embargo, la zona de los genitales de los hombres tendría diferentes maneras de representarlos según su estatus social que afecta directamente a sus masculinidades. En el caso de los hombres de la élite no se les representaba con el pene erecto ni desnudos directamente, algo raro ya que la simbología de este sería de autoridad, fertilidad y potencia sexual. Esto se podría deber a que el pene erecto está asociado a cuando se escenifican divinidades. Por otro lado, la vestimenta evidencia una diversidad en masculinidades según la clase social. En primer lugar, los hombres de la élite presentarían una ropa elaborada, junto con joyas ostentosas, y, en segundo lugar, aquellos de clases bajas se les representa sin joyas, con una falda, desnudos o con un taparrabos que les permite tener más agilidad en sus trabajos de esfuerzo físico.

En torno al pelo de ambos grupos podemos decir que, en el caso del primero lo llevan arreglado y cortado, la cabeza rapada o incluso a

---

[42] ROBINS 2007: 211.
[43] ROBINS 2007: 212.

veces llevan una peluca elaborada, y nunca muestran que están calvos o que tengan canas. A veces, también pueden utilizar una barba corta que acaba en punta, pero no mostrarían vello corporal en general. Además, en sus tumbas tendrían ciertos objetos de cuidado de su cuerpo y belleza como pueden ser pelucas, peines y navajas de afeitar. Por lo tanto, puede deducirse que era común que estas personas pudieran y debieran cuidarse para asignarse una masculinidad concreta que se corresponde con su estatus social[44]. ·

Por otro lado, los artesanos y campesinos podrían aparecer representados con el cabello sin peinar, con el pelo canoso o calvo, con la barba sin cuidar y no afeitada, y a veces, con vello en el pecho. Estos hombres podrían representarse en escenas de las marismas donde estarían casi desnudos, y aunque podrían llevar una faja alrededor de la cintura, no se cubrirían sus genitales. Estos tendrían un pequeño tamaño, flácidos e incluso a veces se omiten, algo que contrasta con la representación de los genitales de la élite ya que sus penes están cubiertos con ropa, protegidos. Por lo tanto, las masculinidades entre ambos grupos sociales son opuestas, viéndose como el pene erecto da autoridad, identidad de hombre, masculinidad hegemónica, mientras que el pene flácido da una posición inferior socialmente, y una masculinidad despreciada.

Es cierto que al hombre de la élite es frecuente verlo con el pene tapado con su vestimenta, pero ¿a qué se debe esta ocultación de sus genitales? El motivo radicaría en su relación con la representación de algunas divinidades como Amón-Re al cual se lo ha escenificado en ocasiones con un mantón blanco que le cubre todo el cuerpo, aunque se le represente con el pene erecto; esto ocurre cuando este dios está sincretizado con el dios Min. Por lo tanto, el hombre de la élite simboliza ese nivel intermedio entre las divinidades y los reyes que están por encima, por un lado, y los hombres de las clases bajas, en el nivel inferior por otro. La construcción de las masculinidades viene influida por cómo se representan a los niños, ya que estarían desnudos, con la cabeza rapada,

---

[44] ROBINS 2007: 213.

con menos altura, aunque a veces tenían una parte del pelo como el fle-
quillo o una trenza[45]. Tal vez esa deconstrucción del hombre adulto de
baja clase social sea una manera de "convertirlos en niños", eliminarles
la categoría de hombres, su masculinidad y, por ende, su entidad dentro
de la sociedad.

Sin embargo, todas las esferas de la sociedad no mostraban a los
hombres de la misma manera y, por lo tanto, las masculinidades deben de estudiarse a fondo en esta cultura. Por ejemplo, dentro de la
religión egipcia, en el ambiente funerario pueden surgir problemáticas
a la hora de interpretar cómo interactuaban los hombres entre sí, que
posiciones corporales eran las idóneas y con qué vestimenta y objetos se
les complementa para evidenciar esas masculinidades. En este sentido,
destacaría por Matić el caso de la tumba de dos hombres del antiguo
Egipto, llamados Niankhkhnum y Khnumhotep. Este autor presenta
este ejemplo como una prueba de que gracias a la anteriormente men-
cionada arqueología *queer* se han podido realizar nuevas interpretaciones o estudios acerca de las masculinidades en esta tumba[46].

3.1. La tumba de Niankhkhnum y Khnumhotep

Esta tumba está datada de la 5ª dinastía, se encuentra en el área
norte de Saqqara, la gran necrópolis de Menfis fue descubierta en el año
1964, y su hallazgo se hizo público en 1977[47]. La tumba es inusual porque presenta un doble complejo de cámaras establecidas de la misma
manera para dos hombres, sin embargo, las cámaras no están separadas
ni hay capillas para depositar ofrendas. El primero de los hombres sería
Niankhkhnum, cuyo nombre significa "su vida pertenece a Khnum", y
el segundo se llamaba Khnumhotep, cuyo nombre significa "Khnum

---

[45] Robins 2007: 214.
[46] Matić 2019: 183.
[47] Dowson 2008: 34.

está satisfecho". Los progenitores de estos dos personajes se basaron en el dios Khnum, con cabeza de carnero, para establecer sus nombres.

Estos dos hombres eran manicuristas del palacio real, ejercían el cargo de administradores del rey y además tendrían algunos títulos relacionados con el sacerdocio. Pero ¿qué relación tiene esta tumba con nuestro trabajo de masculinidades? Resulta que estos dos hombres no representan la típica masculinidad hegemónica y ha producido gran controversia en esta disciplina. En este sentido, Matić señala que esta tumba ha sido un elemento de atracción debido a la disposición de sus protagonistas ya que ambos personajes tienen un contacto cercano entre ellos, tocándose las manos mutuamente, abrazándose e incluso en una escena parece que se estén besando[48].

Para Parkinson, esta tumba representa la dificultad de analizar las concepciones culturales antiguas sobre la masculinidad y las relaciones entre personas del mismo sexo. En este caso, los dos hombres se presentan de la manera habitual que en la iconografía funeraria se disponen las parejas heterosexuales. Según Parkinson, cuando se descubrió esta tumba los académicos sentían cierta incomodidad por las interpretaciones sobre el afecto explícito entre dos hombres, algo fuera de lo común en esta cultura[49]. La sociedad egipcia es heteronormativa como se demuestra en sus creencias de la sexualidad que deriva en la noción del matrimonio como lo socialmente correcto. De esta manera, esta tumba es chocante para los primeros investigadores, ya que en esta cultura era extraño que haya constancia de personas solteras u homosexuales.

En la parte de la mesa de ofrendas se sientan ambos hombres juntos, y en otra escena ambos se sientan en sus respectivas sillas, sin embargo, la esposa de Niankhkhnum fue borrada de la escena mientras que la esposa de Khnumhotep no había intención de que apareciera. Según Matić, ha habido en torno a ellos dos un debate de cómo interpretar su relación, ya que no está dentro de las masculinidades que suelen repre-

---

[48] Matić 2019: 184.
[49] Parkinson 2008: 117-118.

sentarse en esta civilización[50]. Aunque en este caso hay una problemática y es que en la tumba no aparecen términos de parentesco que los relacionen a ambos explícitamente.

Vasiljević también destaca esa ausencia de palabras que determinen la vinculación entre ambos personajes, y destaca a Moussa y Altenmuller los cuales defendían firmemente que Niankhkhnum y Khnumhotep serían hermanos[51]. Pero ¿qué expresión debería estar en la tumba para demostrar que son hermanos en lenguaje egipcio? La respuesta viene dada con la palabra sn que significa hermano, pero en la tumba no se encuentra, a pesar de que es un elemento generalizado en el antiguo Egipto que se especifique cuál sería la vinculación entre ellos[52]. Además, Parkinson considera que estos dos personajes no pueden ser pareja, y, por ende, la otra alternativa que considera más factible es que sean hermanos. Está de acuerdo con Dowson en que la razón de ello es que la disciplina egiptológica está influenciada por la sociedad actual y su pensamiento heteronormativo. Para Parkinson esta crítica no resuelve la problemática de las interpretaciones en la disciplina, ya que en esta ocasión puede que la tumba evidencie un tipo de familia fuera de la norma social, con no muchos ejemplos en esta época, y por ello, la falta de conocimiento de esta iconografía[53].

De esta manera, resulta más complejo determinar qué vínculo les une, pero Reeder se postula en la idea de que puedan formar una relación homosexual, argumentándolo en que Khnumhotep está oliendo la flor de loto, algo poco frecuente en esta época, y que es una acción que suelen realizar las esposas. Además, él interpreta que, en diferentes escenas este mismo personaje aparece representado en los espacios en los que solían estar las mujeres que interaccionan con los hombres[54]. Sin embargo, este autor también destaca una escena que se contrapone

---

[50] Matić 2019: 185.
[51] Vasiljević 2008: 363-365.
[52] Moussa; Altenmüller 1977: 21-22, 43-44.
[53] Parkinson 2008: 119.
[54] Reeder 2000: 197.

a la teoría de que sean pareja; y es que en ella se ven a 3 cantantes y a 2 arpistas a los que su director musical les dice que toquen la canción de "Los Hermanos Divinos" (snw nTr). Este autor lo relacionó con los hermanos Horus y Seth, y que a su vez podría tener relación con que fueran hermanos.

En complemento con Reeder, Dowson también se postula en la opinión de que en los bajorrelieves de la tumba de estos dos personajes hay una conexión y actitud íntima entre ambos. Esta idea es apoya por Reeder con una escena donde ambos hermanos se miran fijamente en posición simétrica y dándose un abrazo lateral. Por otro lado, Baines hizo un estudio comparando varias escenas de tumbas de personas que eran familia, y concluyó que estos dos personajes aparecen de manera similar a estas familias y, por lo tanto, propone que fuesen hermanos gemelos[55]. Dowson critica este pensamiento considerando sus conclusiones simples y poco atrayentes, ya que tal vez no tendría en su mentalidad que exista la posibilidad el carácter sexual como interpretación en la relación entre ambos personajes[56].

Sin embargo, Parkinson indica que algunas representaciones de estos dos hombres pueden recordar a estereotipos de la cultural gay actual, aparte de su titulatura que presentan el de manicurista real[57]. Sin embargo, este último elemento se ajustaría a ese aspecto negativo del siglo XX donde el hombre homosexual era peluquero. Por lo que para este autor ambas interpretaciones pueden tener una influencia de la cultura actual, como se puede ver en cómo se percibe la gestualidad de los personajes. Por ejemplo, Reeder considera que serían una pareja debido a que se muestran de manera parecida a la que se muestran parejas heterosexuales en otras tumbas. Es cierto que el acercamiento físico entre dos hombres no tiene por qué ser indicativo de que sean pareja.

---

[55] BAINES 1985: 463-464.
[56] DOWSON 2008: 35-36.
[57] PARKINSON 2008: 120.

En este sentido hay unos/as autores/as que no están de acuerdo con los otros, como se evidencia en Dowson cuando menciona a Meskell, la cual realiza una crítica intensa hacia Reeder[58]. Ella opinaría que hay una tendencia en que los conceptos sobre sexualidad en la actualidad influencien las interpretaciones de estudios sobre elementos del pasado. Por lo tanto, ella indicaría que la orientación sexual de Reeder le condiciona a la hora de interpretar la relación entre ambos hombres de esta tumba. De esta forma, critica que Reeder utilice a la arqueología para plasmar una realidad sexual de la actualidad en el arte egipcio. Además, Dowson destaca que Parkinson muestra preocupación en que los estereotipos de la actualidad sobre la homosexualidad se extrapolen al pasado. Esto viene por el hecho de que Niankhkhnum y Khnumhotep eran manicuristas reales, podría hacer pensar a algunos autores que por ello tuvieran una relación de pareja más que de amistad o hermandad[59].

En este sentido, concretamente en la entrada de la tumba es donde se pueden ver sus nombres y sus títulos a los lados, presentándolos como "conocido de reyes", "confidente real" y "supervisor de los manicuristas". En la parte de la entrada estarían ambos hombres con sus respectivas esposas e hijos, y Khnumhotep se muestra una escena de caza de aves y peces con arpón, mientras su esposa huele una flor de loto. Sin embargo, en una cámara interna se puede ver como este mismo personaje huele también la flor de loto, algo que suele ser realizado por las mujeres, por esto, Reeder defiende esa posible conexión de pareja entre ambos[60]. Para este autor el diseño de la tumba dispone que los nombres de ambos hagan una visión óptica que parezca que son uno solo algo que hace indicar la conexión entre ambos y su deseo de que este siga vigente tras el fallecimiento de uno de los dos.

De este modo, la persona fallecida en primer lugar sería Khnumhotep debido a que este se encuentra en una de las escenas esperando la

---

[58] MESKELL, 1998: 65-66.
[59] DOWSON 2008: 37.
[60] REEDER 2008: 147.

cosecha, lleva la barba ceremonial y se le describe como ``honrado por el gran dios''[61]. Al otro lado estaría Niankhkhnum sin barba, el cual aparece con sus títulos oficiales y estaría acompañando al otro, guiándolo hacia el Más Allá. Los dos hombres están mirándose a sus respectivas caras y casi tocándose sus narices. Reeder opina que esta imagen simbolizaría un cariño ejemplificado en el abrazo entrelazado que culminaría con un beso final. Para él, esto evidencia la intención de ambos de que dure su relación en el Más Allá. Sin embargo, existe una problemática ya que en ningún momento se señala el parentesco de ambos, pero ellos se muestran con unas masculinidades diferentes a la normativa egipcia; aun así, esto no implica una razón para creer que sean una pareja[62]. Además, considero que esta escena de ambos personajes podría tener relación con el ideal de simetría ejemplificado en el arte egipcio y que podría tener conexión con el vínculo de hermanos gemelos.

A pesar de ello, considero adecuado decir que podría ser un tipo de iconografía concreto del antiguo Egipto y que no haya suficientes ejemplos como para generalizar con este modelo. Más adelante avanzaré en esta idea, pero para llegar a ella debemos indagar más en qué argumentaciones exponen más autores/es sobre esta cuestión para determinar que conclusiones se derivan de ellos. Vasiljević expone que ambos personajes tienen unos nombres parecidos aportando que en esta época era típico que los progenitores pusieran terminología parecida en estos casos. Según esta autora, el dios Khnum sería el encargado de crear a los hermanos gemelos demostrándose en esa simetría de sus figuras que no solo lo demuestran con la disposición de sus figuras sino también con su parecido físico[63]. En este mismo sentido, Evans y Woods respaldan esta idea de Vasiljević recalcando que el nombre es un elemento importante de distinción con el resto y de simbología entre hermanos[64].

---

[61] REEDER 2008: 148.
[62] REEDER 2008: 151-153.
[63] VASILJEVIC 2008: 366.
[64] EVANS; WOODS 2016: 62-63.

La masculinidad que ellos representan es diferente, como mencioné anteriormente, si ellos son hermanos, podríamos estar hablando de una iconografía específica, dentro del arte egipcio, para este tipo de vínculos afectivos. Estas señales de aprecio se pueden apreciar en diversas partes de la tumba, donde ambos hermanos tienen un contacto físico mayor que en anteriores escenas. Además, ambos personajes son representados físicamente similar, resaltando esa postura de hermandad entre ambos. A pesar de ello, no se deberían de llevar estereotipos de la actualidad al pasado para interpretar este tipo de escenarios, ya que podríamos no dar con la afirmación correcta. Además, hay diferentes argumentos a favor de la teoría de que son hermanos, más de los que se pueden decir a favor de que sean pareja, y que se pueden evidenciar físicamente en la tumba.

Esta argumentación es más sólida gracias a unas escenas que muestran una serie de animales de dos en dos, como pueden ser tilapias, pelícanos, burros, leones, etc, presentándose con simetría en su iconografía. Estos animales presentan esa simbología de dualidad que se relaciona con que estos dos personajes sean hermanos gemelos, ya que se parecen físicamente y se les representa unidos y dispuestos como esos animales. Para Evans y Woods, como Khnumhotep habría fallecido primero, la pérdida habría sido muy dolorosa para su hermano Niankhkhnum por lo que proponen que este sentimiento de duelo habría influido en que el superviviente se encargase de escenificar en la tumba un ambiente de amor entre ellos para honrar su figura[65]. Además, tenía la intención de hacer hincapié en la relación estrecha que les unía tanto por la dualidad en la que la sociedad egipcia creía, como en su vínculo familiar. Esto podría ser una manera de expresar que una parte de él moriría junto con su hermano, mostrando esa protección y afecto en la tumba.

---

[65] Evans; Woods 2016: 70-71.

4. Literatura y masculinidades en el antiguo Egipto

En la civilización egipcia tenemos más ámbitos donde podríamos analizar comportamientos e identidades que se relacionan con las masculinidades y que cada una de ellas tiene su campo concreto de acción. En este sentido, la literatura es una esfera que puede ofrecernos bastante información sobre esta temática y que evidencia, como vimos en el apartado artístico, que algunos hombres están condenados y otros están beneficiados. Esto no ocurre siempre por el estatus social de la persona, sino que también la orientación sexual es un elemento que crea estereotipos que les estigmatizan. Por lo tanto, en el caso de las prácticas homosexuales asistiremos a una degradación de la persona, con cierta deshumanización y con la condena que la sociedad impone por estar en el camino disruptivo.

Para tratar la homosexualidad como elemento importante en las masculinidades, abarcaré dos textos conocidos de esta civilización, como son *El Rey Neferkare y el General Sasenet* y *La Contienda entre Horus y Seth*[66]. El primero de ellos fue publicado en 1957 por Posener gracias a 3 fuentes históricas, dos eran tablillas que datan del Reino Nuevo, concretamente la primera de finales de la dinastía XVIII o principios de la XIX, mientras que la segunda data de principios de la XX. Por otro lado, estaría la tercera fuente que es el llamado Papiro del Louvre que ofrece más información complementaria, y su datación consta de dos partes. El verso está datado en la dinastía XVIII, entre los reinados de

---

[66] van Dijk 1994: 387-388.

Tutmosis III y de Amenofis II y el resto está datado de la dinastía XIX en la época de Ramsés II; ambas fuentes son poco informativas porque están muy fragmentadas. Para Parkinson los caracteres lingüísticos, la descripción y el estilo de este cuento hace que se sitúe a finales del Reino Medio[67].

En este texto literario se cuenta como el rey Neferkare acude todas las noches a la casa del general Sasenet, pero no se indica cuál es la motivación de estas reuniones clandestinas. Además, Sasenet no estaría casado por la frase que se dice de "no tiene esposa" (P. Chassinat I, x+1, 4) por lo que sugiere que esta falta de matrimonio haya sido un elemento de atracción del rey hacia él. Esta situación es rumoreada por los ciudadanos de Egipto, algo que menciona otro de los personajes de esta historia como es Teti, hijo de Hentu, el cual menciona literalmente que "es verdad lo que la gente dice, él sale por la noche" (P. Chassinat I, x+3, x+5). Este tercer hombre lo que buscaba es conseguir comprobar dos cosas: en primer lugar, que el rey realizaba estas salidas todas las noches, y, en segundo lugar, con quién se reunía. Concretamente el rey salía en las horas centrales de la noche que los egipcios llamaban wSAw, que significa oscuridad profunda, y regresaba al palacio real cuando quedaban cuatro horas para que amaneciera[68].

Lamentablemente, el final de la historia no se ha conservado en estas fuentes en las que se relata el cuento, pero según Jacobus Van Dijk una de las interpretaciones que se le da es satírica con conexión con la mitología egipcia. El autor hace una correlación entre el general Sasenet y la postura del dios Seth por ser homosexual en *la Contienda entre Horus y Seth*. Por otro lado, el rey Neferkare abandonaría finalmente a este hombre para irse con una mujer, algo conectado con el ideal de la maat de esta sociedad. A pesar de que esto se considerase como un mal, este texto podría colocar la situación de manera cómica, ya que el comportamiento de este rey no es propio de una figura de su estatus, y que se

---

[67] Parkinson 1995: 71.
[68] van Dijk 1994: 389.

conecta con una orientación sexual condenada y, por tanto, como burla que divierta al lector/a o espectador/a[69].

Parkinson y Van Dijk aluden que este escrito puede ser una parodia a la unión mítica de Re y Osiris porque las horas en las que el rey va a visitar a su general serían las mismas en las que se produciría esa unión de los dioses[70]. El texto tiene el significado de evidenciar unas actuaciones indecentes debido a que el rey tiene que hacer a escondidas estas citas con su general, algo que ya es rumoreado entre sus ciudadanos. Además, que Teti, hijo de Hentu, vaya detrás del rey sin ningún tipo de reparo es prueba de que la práctica del rey es ilícita e impropia de él[71]. Además, uno de los pasajes de este cuento contiene la palabra mrwt que significa deseo, que sería en el sentido sexual reflejado en la relación de ambos personajes.

Es cierto que la afirmación de la soltería solo se realiza sobre el hombre pasivo y no sobre el rey que tendría el papel activo, ya que se sabe que este último estaba casado, algo evidente por su posición en la dirección del país. Además, no se especifican sus edades, pero ambos tienen unos rangos de cargos importantes, el rey sería sexualmente maduro, y el general ya tiene su propia casa. Aunque es cierto que la palabra mri puede tener dos connotaciones como sería en primer lugar, en un contexto erótico, expresando gratificación sexual; y, en segundo lugar, expresando jerarquía, es decir, que se utiliza en las relaciones de familia[72].

Aun así, la situación del cuento no es la más apropiada para tener toda la información ya que faltan fragmentos de este, y, por lo tanto, no se tiene todo el contexto para poder entender completamente la intencionalidad del cuento. Para Parkinson en este texto se evidencia como el rey Neferkare no tiene que gozar de buena consideración siendo un mal rey en la literatura egipcia. Es cierto que los hombres que tienen

---

[69] Van Dijk 1994: 391.
[70] Parkinson 1995: 72.
[71] Van Dijk 1994: 392.
[72] Parkinson 1995: 73.

relaciones sexuales con otros no suelen representarse en la literatura egipcia, aunque si pueden tener su presencia, a pesar de que no sea algo aprobado socialmente. En esta cultura hay figuras masculinas que, si están censuradas por la ideología social, como es el caso de los hombres que son adúlteros o los que mantienen relaciones homosexuales. De esta manera, hay un reconocimiento de que las prácticas sexuales entre hombres ocurrían y que podrían ser comunes a pesar de la condena social que suponía realizarlas[73].

Por otro lado, el segundo texto es *La Contienda entre Horus y Seth* que se conserva en un fragmento de un papiro llamado P. Chester Beatty I, datado en la dinastía XIX y que según Amenta, fue hallado en la aldea de los trabajadores de Deir el-Medina, en la parte occidental de Tebas. El estilo del texto es una narración literaria y podría tener alguna vinculación con textos mágicos/religiosos. La situación se desarrolla en el contexto del conflicto entre ambos dioses por la herencia de Osiris en la tierra. En el cuento, en una de las escenas, se narra como Seth invitaría a su sobrino Horus diciendo "Ven pasemos un feliz día en mi casa" (P. Chester Beatty I, 11,2) que después se tradujo en la agresión sexual del primero sobre el segundo. Después, cuando ambos personajes delegan a la corte real, el líquido seminal de Horus sale de la cabeza de Seth en forma de disco dorado que se entrega al dios Thot, como símbolo del nacimiento de este dios. Después, Isis ofrece ayuda a Horus ante la ofensa de su tío, y según Amenta las alusiones de relación homosexual entre ambos de manera explícita son pocas y se sitúan en contextos mágicos[74].

Así, en este texto se evidencia esa superioridad de un hombre sobre otro en una relación homosexual y, sobre todo, de dominio y abuso[75]. Por lo tanto, ambos personajes ven este acto sexual como una manera que tiene su tío de humillarlo por su condición de debilidad, algo que

---

[73] Parkinson 1995: 74-75.
[74] Amenta 2004: 7-9.
[75] Parkinson 1995: 76.

tiene la consecuencia negativa de entrar en contacto con su semen. Al final del cuento se relata como este líquido seminal habría sido utilizado por Isis para crear perjuicio en contra de Seth, aunque este convocaría a su sobrino Horus a quedar una vez más.

De este modo, Seth sodomiza a su sobrino para después inculparlo en el tribunal de la Enéada y así conseguir su objetivo que es acceder al trono de Egipto. Por lo tanto, el evento mítico que se describe en este cuento tiene la intención de mostrar el carácter negativo de una relación homosexual, donde el activo somete al pasivo. Parkinson destaca que este tipo de deseos sexuales de un hombre hacia otro no es algo proyectado en el ámbito de los textos oficiales. Además, el dios Seth es conocido en la cultura egipcia por arrebatarle la vida a su hermano, por lo tanto, el papel de dominante o activo es el mejor que podría desempeñar, y encima con su sobrino, para terminar con esa denigración como hombre, teniendo esa relación homosexual.

Las contiendas entre Horus y Seth son frecuentes en la literatura mágica, ya que estos conflictos tienen doble dualidad: una parte malvada que provoca enfermedades y desgracias, y otra parte benévola que soluciona el perjuicio, formando una base importante para la elaboración de fórmulas mágicas[76]. Para Amenta solo el poder mágico podría controlar las consecuencias de los conflictos de ambos dioses y sus prácticas homosexuales que no tienen nada que ver con el ideal de Maat. Aun así, la homosexualidad fue condenada por la sociedad egipcia y obviada en la literatura oficial como mencioné anteriormente[77].

En el antiguo Egipto, las relaciones homosexuales no se veían como amorosas generalmente, sino como una forma de que un hombre viole a otro para dominarle y denigrarle. Por otro lado, Walsh indica que después de esto Seth ingerirá el semen de su sobrino por lo que será condenado también más que por su orientación sexual por su posición pasiva. Esto se producirá gracias a que Isis de manera astuta reacciona

---

[76] Amenta 2004: 10.
[77] Amenta 2004: 16.

negativamente a que su hermano casi domina completamente a su hijo. Por ello lo engaña haciéndole comer una lechuga, que era su comida preferida, con el semen de Horus. Además, lo negativo del consumo de semen no solo recaía en que lo hiciera otro hombre, sino que también le podría resultar venenoso[78].

Por último, Walsh hace una comparativa entre ambos relatos, recalcando que en *"el Cuento del rey Neferkare y el General Sasenet"* se presenta a los dos personajes homosexuales, pero reuniéndose a escondidas por lo que es algo vergonzoso ante la sociedad. El general estaría soltero algo poco habitual en su comunidad donde prima la unión matrimonial y en consecuencia tener hijos para formar una familia. Sin embargo, con respecto a la historia de Horus y Seth estos presentan el acto homosexual como una violación e infracción de la libertad individual para realizar prácticas sexuales concretas. Por el contrario, el rey Neferkare y su general tendrían relaciones de manera no agresiva y más bien amorosa, aunque lo hagan de manera clandestina por evitar la condena social. Además, las relaciones homosexuales se perciben como una manera absurda de satisfacer el apetito sexual, pero en el caso de Horus no le da el semen a su tío como una manera de cubrir esa necesidad; ya que no se lo da a través de las relaciones sexuales. Por otro lado, la relación entre el rey y su general es deliberada, ambos quieren hacerlo porque Sasenet baja la escalera para que el Neferkare suba a su habitación[79].

---

[78] Walsh 2012: 179-180.
[79] Walsh 2012: 182.

5. La escritura egipcia y las masculinidades

Este último apartado es importante ya que después de haber tratado el ámbito arqueológico, artístico y literario de esta cultura, es conveniente acercarnos a su escritura y que terminología está influenciada en torno al género y sexualidad de los egipcios. De esta manera, existirán diferentes palabras que puedan hacernos ver la trascendencia de esta organización social a través de las construcciones culturales en torno a las masculinidades. En primer lugar, según Depauw hay dos términos

esenciales en este contexto como serían 🦆🦅𓏏𓀀 TAy, por un

lado, y 𓎛𓅓𓏏𓏏𓊪 Hmty o 𓎛𓅓𓊪 Hm por otro[80] (Wb. V: 345, 13-19). El primero de ellos significa "masculino" u "hombre" y lleva como determinativo los genitales masculinos erectos y eyaculando, por lo que se evidencia el concepto de que la rectitud del pene ofrece un grado superior de masculinidad en los hombres. Resulta que los faraones o divinidades son mostradas con el pene erecto, mientras que las personas de baja clase social son representadas con el pene flácido en el arte egipcio. Por lo tanto, probablemente haya una distinción en torno al uso de esta palabra y que no se aludiera a todos los hombres al utilizarla.

Por otro lado, el término Hmty o Hm ha creado controversia entre los lingüistas debido a su significado, ya que se le da el sentido de "cobarde" o también se alude a esta palabra como "retroceder", por lo

---

[80] Depauw 2003: 49-50.

que se podría utilizar como oposición al término TAy. Sin embargo, Depauw expresa que el primer término podría referirse a la palabra "marica" en castellano, y que para los egipcios tendría el carácter de debilidad o pasividad en lo sexual para la persona a la que se refiere. Incluso a veces puede hacer referencia a los eunucos o castrados como se puede ver en las *Enseñanzas del rey Amenemhat I*, donde este se dirige hacia su guardia real que eran conspiradores como Hmw (P. Millingen, 2,2). Esto ocurre debido a que estos guardianes reales le atacarían por la noche, y por eso la connotación de cobardes, por la imposible reacción del rey ante el ataque. Para Parkinson puede que haya habido un juego de palabras con los dos primeros términos por la similitud entre las

palabras Hmty y ⵀⵔⵟ Hmt. Esta última significa "mujer", y en este texto se usa debido al sentido despectivo que se les daba a los enemigos con la primera palabra (Wb. III: 80, 8-11). Por lo tanto, se haría una alusión hacia los hombres guardianes con un carácter femenino de su personalidad en un sentido peyorativo[81].

Es importante añadir que tanto el término Hm como Hmty suelen tener el determinativo de los genitales masculinos erectos y eyaculando

▱, y que en el caso de la castración a determinados hombres provocaría la desvinculación con su masculinidad. De esta forma, pierde la condición de hombre, su identidad personal, acercándole a un carácter femenino que provoca su denigración y marginación con respecto al resto de hombres. Además, la similitud del sonido y de la grafía de las palabras Hm y Hmt podría haber influido en su uso ambiguo.

De este modo, cabe preguntarnos ¿existirían más términos que tengan ambigüedad en su grafía? Depauw respondería esta cuestión con la inclusión a la explicación de las palabras Tkr y aqr, según G. Vittmann significan "castrado" e "infértil" respectivamente en lengua demótica[82].

---

[81] Parkinson 1995: 66.
[82] Depauw 2003: 55.

Las personas a las que se aludiría con estos términos tienen caracteres masculinos y femeninos, y sus nombres que suelen ser frecuentes entre

los hombres tienen el determinativo de la mujer sentada [glifo] [83].

Respecto a esta ambigüedad entre terminología y jeroglíficos con respecto a las personas que lo utilizan, hay ejemplos que muestran claramente esa dualidad de interpretaciones en torno al sexo o identidad. En este sentido, en el templo de Esna, la diosa Neith es nombrada como "hombre

que actúa como mujer" [glifos] TAy ir Hmt o "la

mujer que actúa como un hombre" [glifos] Hmt ir

TAy (Esna 252,25). Estos conceptos no solo afectan a la esencia de la persona o de las divinidades, sino que el individuo se verá marcado por la vestimenta o la apariencia física en los jeroglíficos.

Este es el caso de la diosa Anat la cual es violada (amo) por Seth en el texto mágico del P. Chester Beatty VII, a la cual se la describe como "la

fuerte", la mujer (st-Hmt) [glifos] que tiene actitud de guerrera

(aHawty) [glifos]. Además, ella vestiría como los hombres

(TAwy) [glifos], y usaría el maquillaje como las mujeres

(Hmwt) [glifos] (P. Chester Beatty VII, Vs. 1/5-2/3). Depauw recalca que hay alusión a las diosas con comportamientos de su sexo contrario, pero en el caso de los dioses masculinos nunca se dice que utilizan ropa femenina o que se comportan como una mujer. Esto podría explicarse en que los dioses masculinos podrían tener cierta superioridad respecto a las femeninas, y que su estatus no sea minusvalorado. Esto sería porque

---

[83] VITTMANN 2000: 169.

tienen unos cánones, actitudes y habilidades propias de ellos y las femeninas podrían considerarlas inferiores o de otro rango[84].

Por otro lado, Goedicke menciona otro término ambiguo en la lengua egipcia como podría ser Hmt-xrd con el que ha habido controversia para saber su significado ya que se ha dicho que tendría el sentido de "niña inmadura", "mujer embarazada" o incluso "niño"[85]. Además, otro término que sería Hmt-TAy , según Gardiner, este término aludiría a una mujer comprometida con un hombre, ya que no hay término para esposa[86]. Aun así, en ocasiones dependiendo del contexto se ha interpretado como una mujer que tiene relaciones con un hombre, pero sin estar casada con él. Incluso, también este término se ha interpretado como concubina[87].

Más allá de esta terminología, existen otros conceptos que aluden directamente a comportamientos de los hombres concretamente que afectan directamente a su masculinidad. En este sentido, en la confesión negativa del *Libro de los Muertos* se puede leer palabras como nkkw que es un participio imperfectivo pasivo que significaría "el que es penetrado repetidamente", es decir, la persona que toma el papel pasivo en una relación homosexual. De igual manera, Parkinson también considera que el temperamento de la persona a la que se describe con ese término es el rol pasivo. Por lo tanto, esta palabra podría tener relación con el término aludido anteriormente por Depauw que

[84] Depauw 2003: 56-57.
[85] Goedicke 1967: 98.
[86] Gardiner 1916: 50.
[87] Goedicke 1967: 99.

es Hmty con un significado similar[88]. Esto podría ser debido a que no es una palabra utilizada solo en un contexto sexual, sino que también se utiliza en un sentido de que una persona es cobarde. Por lo tanto, existen estas dos formas de relacionar la homosexualidad y el rol pasivo con la cobardía y la denigración de las masculinidades que se relacionen con este estereotipo social.

Además, Parkinson comenta como en un contexto funerario del Reino Antiguo, algunos trabajadores del campo que tenían conflictos con otros se refieren a ellos como Hmyw[89]. Con este término querían aludir a que una persona tendría un papel pasivo, pero no por su orientación o deseo sexual. La intención del uso de esta palabra sería la de relacionar al hombre con las ideas de debilidad, derrota y pasividad sexual que denigra a los hombres. Así, la palabra TAy que significa "masculino" u "hombre" dejaría de tener sentido para ellos, provocando su distinción entre el resto individuos de manera despectiva.

---

[88] PARKINSON 1995: 67.
[89] PARKINSON 1995: 67.

6. Conclusiones

Después de haber realizado este trabajo sobre las masculinidades y su implicación en disciplinas como la Arqueología, el Arte, la Literatura o la lengua egipcia, hay una variedad de conclusiones que se pueden alcanzar con el mismo. En primer lugar, se puede afirmar que en la investigación académica egiptológica se deben analizar los restos antiguos del pasado con espíritu crítico y con argumentaciones sólidas que hagan de base de innovaciones a la materia. En segundo lugar, no debemos extrapolar todos los conceptos de la actualidad a los estudios del antiguo Egipto, ya que las creencias, organización social, política y sexual no tenían por qué ser iguales. De esta manera, evitamos tener errores de interpretación, ya que nuestra obligación no es encontrar prototipos de humanos actuales en el pasado, sino que es construir lo más fiable y veraz posible la realidad antigua.

Por otro lado, el concepto de "masculinidades" no es algo fijo e invariable, sino que dependiendo de la sociedad y del contexto histórico tendrá un sentido u otro. Por ejemplo, en el antiguo Egipto sus habitantes podrían tener unas ideas en torno a este concepto muy diferentes a las que existen en la actualidad. En este momento histórico, la jerarquía social provocaría esa distinción entre los hombres, porque en el caso de los que pertenecen a la élite tendrán una serie de comportamientos, habilidades e identidades que se corresponden con su ideal de "masculinidad". Mientras tanto, habrá otro grupo de hombres pertenecientes a las clases sociales bajas, que tendrán una consideración inferior, que en algunos momentos se les desliga de su propia esencia de hombre.

Por consiguiente, la historia egipcia se conformará de manera diversa, con desigualdades en todos los ámbitos entre los hombres, ya que no todos presentan ese ideal masculino que en su antigüedad se buscaba. Estas diferencias notables entre egipcios se podrían desarrollar en el ámbito funerario demostrándose a partir del estudio de restos arqueológicos, como los cuerpos humanos, la vestimenta, objetos de ajuar, escenas artísticas de la tumba etc. Todos estos son elementos que en esta cultura tienen un significado importante para sus miembros que les permite tener una seña de identidad tanto individual como colectiva. Además, en el ámbito artístico del antiguo Egipto podemos presenciar una iconografía variada que permite ver esa diversidad cultural en cuanto a las "masculinidades". Es decir, los hombres pueden ser representados con unos cánones de belleza o de comportamiento que no siempre corresponderán con aspectos normativos.

De esta forma, los antiguos egipcios no solo presentaban una tendencia normativa en los aspectos mencionados anteriormente, sino que también se verá en su lenguaje. La manera en la que se comunicaban era esencial para demostrar la influencia cultural de sus creencias en torno a la forma de percibir las masculinidades y feminidades de los habitantes. Por ejemplo, destacaría la palabra TAy que significa "masculino" u "hombre" donde el determinativo representa los genitales masculinos erectos que en el arte egipcio representa la eliminación de la categoría de masculinidad hegemónica y por ende desciende a una consideración inferior de hombre. Así existirá una tradición filológica transmitida desde los inicios de su lenguaje que permitirá evidenciar que los hombres podrían presentar ambigüedad de identidad y sexual.

Por lo tanto, la Historia debe ayudarse de todas las disciplinas mencionadas anteriormente con el fin de conocer esa diversidad antes no estudiada por la Egiptología del siglo XX. Gracias a nuevos estudios y enfoques inclusivos podemos tener interpretaciones necesarias para el conocimiento de la cultura del antiguo Egipto en su profundidad. Además, en el ámbito literario se evidencian los comportamientos de hombres que se corresponden con las masculinidades abusiva y dominada. En este sentido, la relación entre ambas es debido a la homose-xualidad, que los egipcios no la percibían como en la actualidad. Para ellos realmente existirían las prácticas homosexuales, donde siempre el pasivo era denigrado como hombre feminizado y el activo era el que mostraba la autoridad.

Por último, en esta época antigua de la civilización egipcia se perci-be toda la influencia cultural en el devenir histórico de sus habitantes. Esto es así, ya que de una manera férrea el Estado sería el encargado de encauzar todas esas reglas de comportamiento, identidades por las redes humanas de su sociedad. Estos caracteres instructivos permiten crear una sociedad basada en unas creencias heteronormativas que provocan rupturas entre las personalidades absolutas y oprimidas. Por lo tanto, los egipcios no tendrían una libertad individual para crear sus propias identidades, sino que deben seguir el modelo de masculinidad hegemó-nica que se plasmará en todos los ámbitos de esta sociedad.

Abreviaturas

ARA Annual Review of Anthropology (Palo Alto).
Beiträge Beiträge zur Ägyptologie. Inst. für Afrikan. Und Ägyptol. Der Uni. Wien (Vienne, Austriche).
JARCE Journal of the American Research Center in Egypt. (Boston/Princeton/ New York/ El Cairo).
JEA Journal of Egyptian Archaeology. (Londres).
NEA Near Eastern Archaeology. Amer. Schools of Oriental Research (Boston).
SAK Studien zur Altägyptischen Kultur. (Hamburgo).
WorldArch World Archaeology. Unv. College (Londres).
ZÄS Zeitschrift für Ägyptische Sprache und Altertumskunde (Leipzig, Berlin).

7. BIBLIOGRAFÍA

ALBERTI, B. 2006. Archaeology, men, and masculinities. En: NELSON, S.M. (ed.) *Handbook of Gender in Archaeology*: 401-425. Lanham: AltaMira Press.

AMENTA A. 2004. Some reflections on the `Homosexual´ intercourse between Horus and Seth, *GM, BeitrÄg* 199: 7-21.

DEPAUW M. 2003 "Notes on transgressing gender boundaries in ancient Egypt" *ZÄS* 130 (1): 49-59.

DOWSON T. A. 2000. Why Queer Archaeology? An introduction, *WorldArch* 32 (2): 161-165.

DOWSON T. A. 2008. Queering sex and gender in ancient Egypt. En: GRAVES-BROWN (ed.) *Sex and Gender in Ancient Egypt: 'Don your wig for a joyful hour'*: 27-46. Swansea: Classical Press of Wales.

EVANS L.; WOODS A. 2016. Further evidence that Niankhkhnum and Khnumhotep were twins. *JEA* 102 (1): 55-72.

FAUSTO-STERLING, A. 1993. The five sexes: Why male and female are not enough, *Sciences New York* 33: 20-25.

GOEDICKE H. 1967, Unrecognized Sportings, *JARCE* 6: 97-102.

JOYCE, R. A. 2004. Embodied subjectivity: gender, feminity, masculinity, sexuality. En: MESKELL, L.; PREUCEL R. W. (eds.) *A companion to social archaeology*: 82-95. Malden: Blackwell.

MATIĆ, U. 2016. Gender in ancient Egypt. Norms, ambiguities, and sensualities, *NEA* 3: 174-182.

MATIĆ. U. 2019. Out of touch: Egyptology and queer theory (or what this encounter should not be). En: NAUJOKS A-S. (ed.) *Von der Quelle zur Theorie*: 183-197. Tübingen: Mentis.

MESKELL, L. 1998. Consuming bodies: cultural fantasies of ancient Egypt, *Body & Society* 4 (1): 63-76.

MORAL DE EUSEBIO E. 2014. ¿Es el sexo al género lo que la naturaleza a la cultura? Una aproximación *queer* para el análisis arqueológico, *ArqueoWeb* 15: 248-269.

PARKINSON R. B. 1995. 'Homosexual' desire and Middle Kingdom literature. *JEA* 81 (1): 57-76.

PARKINSON R. B. 2008. Boasting about hardness: constructions of Middle Kingdom masculinity in ancient Egypt. En: GRAVES BROWN, C. (ed.) *Sex and Gender in ancient Egypt. `Don your wig for a joyful hour´*: 115-142. Swansea: Classical Press of Wales.

REEDER G. 2000. Same-sex desire, conjugal constructs, and the tomb of Niankhkhnum and Khnumhotep. *WorldArch* 32 (2): 193-208.

REEDER G. 2008. Queer egyptologies of Niankhkhnum and Khnumhotep. En: GRAVES-BROWN C. (ed.) *Sex and Gender in Ancient Egypt. 'Don your wig for a joyful hour'*: 143-155, Swansea: Classical Press of Wales.

ROBINS G. 2007. Male bodies and the construction of masculinity in New Kingdom Egyptian art. En: D'AURIA S. H. (ed.) *Servant of Mut*: 208-215. Leiden: Brill.

TÉLLEZ INFANTES A.; VERDÚ DELGADO A. D. 2011. El significado de la masculinidad para el análisis social. *Revista Nuevas tendencias en antropología* 2 (1): 80-103.

VAN DIJK. J. 1994. The nocturnal wanderings of king Neferkare. En: BERGER, C. et al. (eds.) *Hommages à Jean Leclant*, Institut français d'archéologie orientale, 387-393. Varia. Cairo.

VASILJEVIC, V. 2008. Embracing his double : Niankhkhnum and Khnumhotep. *SAK* 37: 363-372.

VOSS B. L. 2008. Sexuality Studies in Archaeology. *ARA* 37: 317-336.

VOSS B. L. 2009. Looking for gender, finding sexuality: a queer politic of archaeology, fifteen years later. En: TERENDY S.; LYONS N.; JANSE-SMEKAL M. (eds.) *Que(e)ryng Archaeology:* 29-39. Alberta: Calgary.

WALSH J. 2012. Sexual morality in ancient Egyptian literature. *Vexillum 2:* 178-187.

ZNANIECKA H. L. 2006. Gender and Social Roles. En: SALTZMAN CHAFETZ, J. (ed.) *Handbook of the Sociology of Gender:* 229-246. Boston: Springer.

AGRADECIMIENTOS

En agradecimiento a todas esas personas que agarraron mis brazos cuando no había suficientes salidas, hermana, madre, familiares queridos, amistades verdaderas, cubristeis con manto mi espalda de esperanza de vida.

En especial, a Marc Orriols, director del TFM, que me enseñó la perspectiva de género en la cultura egipcia, y a Josep Cervelló, que nunca dejó caer a sus guerreros por muy dura que fuera la batalla. Ambos, figuras vitales en el aprendizaje y en el sentido de la docencia, calidad humana infinita, «que vivan, permanezcan íntegros y estén saludables». Y a mis compañeros/as del TFM que siguen haciendo su compañía mi descanso.

Published
in January
2025

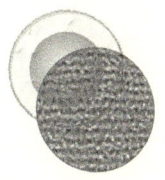

Faber & Sapiens